대한민국 법령 시리즈 294

태권도 진흥 및 태권도공원 조성 등에 관한 법률 (약칭 : 태권도법)

법령
시행령
시행규칙

해광출판사

머리말

이 책은 방대한 법전을 보지 않고 간편하게 해당되는 법령만 참고해서 볼 수 있도록 하였습니다. 공공기관이나 관련 종사자들이 쉽고 간편하게 대한 법령을 참조 할 수 있도록 하였습니다.

특히 해당법률은 물론 관련 시행령, 시행규칙을 함께 실어 관련법을 서로 참고할 수 있게 하였습니다.

법률이라는 것이 크든 작든 항상 변하는 관계로, 출간 이후의 정확하고 최신의 법률은 법제처 국가법령정보센터에서 확인이 가능하니 법률의 실제 적용 시 확인이 필요한 점 유의하기를 바랍니다.

편집부

* 수록 법률은 법제처 국가법령정보센터에서 확인 가능합니다.
* 발행일 기준 시행 법률이므로 최신 법령은 위 센터에서 볼 수 있습니다.
* 본 책자에 수록된 법률의 문구에 대하여 법적인 효력은 없으며,
  실제 적용 법률은 위 센터에서 최신의 법률로 확인하시기 바랍니다.
* 해당 법령과 함께 시행령, 시행규칙도 수록되어 있습니다.
* 발행일 기준으로 개정 예정 법률은 밑줄로 별도 표시되어 있으며,
  보다 정확한 것은 법제처에서 확인하기 바랍니다.

목차

**개정 예정 법률 밑줄 별도 표시.

태권도 진흥 및 태권도공원 조성 등에 관한 법률
(약칭 : 태권도법)

[시행 2022. 1. 11.] [법률 제18750호, 2022. 1. 11., 타법개정]

제1장 총칙

제1조(목적) 이 법은 우리 민족 고유 무도(武道)인 태권도를 진흥하고 전 세계 태권도인들의 성지인 태권도공원을 조성하여 국민의 심신단련과 자긍심을 고취시키고 나아가 태권도를 세계적인 무도 및 스포츠로 발전시켜 국위선양에 이바지함을 목적으로 한다.

제2조(정의) 이 법에서 사용하는 용어의 정의는 다음과 같다. 〈개정 2016. 5. 29.〉

1. "태권도지도자"란 태권도 교육 및 경기를 위하여 「국민체육진흥법」 제11조제2항에 따라 일정한 자격이 부여된 사람으로서 제19조에 따른 국기원 승단심사를 거친 4단 이상 태권도 단증을 보유한 사람을 말한다.

2. "태권도시설"이란 태권도 수련·경기·연구·전시 등 태권도 활동에 이용되는 시설과 그 부대시설물을 말한다.

3. "태권도단체"란 태권도의 발전·교육·국제교류 등을 주된 목

적으로 설립된 국제기구·법인 또는 단체를 말한다.

제3조(국가 및 지방자치단체의 책무) ① 국가 및 지방자치단체는 태권도 진흥을 위하여 필요한 시책을 강구하여야 하며, 국민의 자발적인 태권도 활동을 보호하여야 한다.

② 국가 및 지방자치단체는 국민이 태권도 교육을 받을 수 있도록 교육기회의 확대에 노력하여야 한다.

제3조의2(대한민국의 국기) 대한민국의 국기(國技)는 태권도로 한다.

[본조신설 2018. 4. 17.]

제4조(다른 법률과의 관계) 태권도 진흥에 관하여는 다른 법률에 특별한 규정이 있는 경우를 제외하고는 이 법으로 정하는 바에 따른다.

제2장 태권도진흥기본계획의 수립·시행 등

제5조(진흥기본계획의 수립·시행 등) ① 문화체육관광부장관은 태권도의 체계적인 보존 및 진흥을 위하여 태권도진흥기본계획(이하 "진흥기본계획"이라 한다)을 5년마다 수립·시행하여야 한다. 〈개정 2008. 2. 29., 2021. 4. 13.〉

② 진흥기본계획에는 다음 각 호의 사항이 포함되어야 한다. 〈개정 2020. 12. 22.〉

1. 태권도 진흥의 기본방향
2. 태권도 진흥을 위한 조사·연구 등에 관한 사항
3. 학교 태권도교육의 진흥에 관한 사항
4. 태권도지도자의 교육·양성에 관한 사항
5. 태권도시설 및 태권도단체의 지원에 관한 사항

6. 태권도 국제교류·협력 및 국제행사 개최 등에 관한 사항

7. 태권도 진흥에 필요한 재원 확보에 관한 사항

8. 태권도시설의 감염병 등에 대한 안전·위생·방역 관리에 관한 사항

9. 그 밖에 태권도 진흥을 위하여 필요한 사항으로서 대통령령으로 정하는 사항

제6조(협조) 진흥기본계획의 수립·시행에 관하여 문화체육관광부장관의 요청이 있을 때에는 지방자치단체, 관계 기관, 법인 또는 단체는 이에 협조하여야 한다. 〈개정 2008. 2. 29.〉

제7조(태권도의 날) ① 태권도에 대한 국민의 관심을 제고하고 태권도 보급을 도모하기 위하여 매년 9월 4일을 태권도의 날로 정한다.

② 태권도의 날에 관하여 필요한 사항은 대통령령으로 정한다.

제8조(태권도단체 및 태권도시설의 지원 등) 국가 및 지방자치단체는 태권도 진흥을 위하여 필요하다고 인정하는 경우 태권도단체와 태권도시설에 대하여 행정적·재정적 지원을 할 수 있다.

제3장 태권도공원의 조성 및 운영

제9조(태권도공원의 조성) ① 국가는 태권도종주국의 위상 제고, 태권도 성지로서의 역할, 태권도의 보급·연구·전시·수련 및 지도자 양성 등을 위하여 전라북도 무주군에 태권도공원(이하 "공원"이라 한다)을 조성한다.

② 국가 및 지방자치단체는 공원의 조성과 효율적인 운영·관리를 위하여 필요한 경비 등을 지원할 수 있다.

제10조(공원조성사업의 시행자) 공원조성사업의 시행자는 제20조에 따라 설립된 태권도진흥재단, 공원조성사업의 해당 지역을 관할하는 지방자치단체의 장(전라북도지사 또는 무주군수) 및 그 지방자치단체장의 승인을 받은 민간사업자로 한다.

제11조(기본계획의 승인 등) ① 제20조에 따른 태권도진흥재단과 지방자치단체의 장(전라북도지사 또는 무주군수)은 공원조성기본계획(이하 "기본계획"이라 한다)을 수립하여 문화체육관광부장관의 승인을 받아야 한다. 승인된 기본계획을 변경(대통령령으로 정하는 경미한 사항의 변경은 제외한다)하고자 할 때에도 또한 같다. 〈개정 2008. 2. 29.〉

② 민간사업자가 제10조에 따라 공원조성사업에 참여하고자 할 때에는 공원개발계획(이하 "개발계획"이라 한다)을 수립하여 전라북도지사의 승인을 받아야 한다. 승인된 개발계획을 변경(대통령령으로 정하는 경미한 사항의 변경은 제외한다)하고자 할 때에도 또한 같다.

③ 기본계획 및 개발계획에는 다음 각 호의 사항이 포함되어야 한다.

1. 사업구역의 명칭·위치·면적 및 시행자
2. 사업의 시행기간
3. 인구수용·토지이용·교통처리 및 환경보전에 관한 계획
4. 재원조달계획 및 연차별 투자계획
5. 도로, 상·하수도 등 주요 기반시설의 설치계획
6. 사업체의 설치 및 이전에 관한 사항 또는 입주 시설물에 관한

사항

7. 제14조제1항에 따라 수용 또는 사용하려는 경우에는 그 세부 목록

8. 그 밖에 대통령령으로 정하는 사항

④ 전라북도지사가 개발계획을 승인 또는 변경승인 하고자 할 때에는 미리 문화체육관광부장관과 협의하여야 한다. 〈개정 2008. 2. 29.〉

⑤ 문화체육관광부장관과 전라북도지사가 기본계획 또는 개발계획을 승인 또는 변경승인한 때에는 대통령령으로 정하는 바에 따라 이를 관보에 고시하여야 한다. 〈개정 2008. 2. 29.〉

제12조(실시계획의 승인 등) ① 제11조에 따라 기본계획 또는 개발계획의 승인을 받은 자는 기본계획 또는 개발계획에 따른 실시계획(이하 "실시계획"이라 한다)을 수립하여 제20조에 따른 태권도진흥재단과 지방자치단체의 장(전라북도지사 또는 무주군수)은 문화체육관광부장관의, 민간사업자는 전라북도지사의 승인을 받아야 한다. 승인된 실시계획을 변경(대통령령으로 정하는 경미한 사항의 변경은 제외한다)하고자 할 때에도 또한 같다. 〈개정 2008. 2. 29.〉

② 실시계획에는 다음 각 호의 서류 및 도면을 첨부하여야 한다.

1. 자금계획서(연차별 자금투입계획 및 재원조달계획을 포함한다)

2. 사업시행지의 위치도 및 지적도

3. 계획평면도 및 개략 설계도서

4. 단계별 조성계획서(사업 여건상 단계적으로 개발사업의 시행이 필요한 경우에 한한다)

5. 그 밖에 대통령령으로 정하는 사항

③ 전라북도지사가 민간사업자의 실시계획을 승인 또는 변경승인하고자 할 때에는 미리 문화체육관광부장관과 협의하여야 한다. 〈개정 2008. 2. 29.〉

④ 문화체육관광부장관과 전라북도지사가 실시계획을 승인 또는 변경승인한 때에는 대통령령으로 정하는 바에 따라 이를 관보에 고시하여야 한다. 〈개정 2008. 2. 29.〉

제13조(민자유치 등) ① 전라북도지사는 다음 각 호의 사항이 포함된 민자유치추진계획서를 작성하여야 한다.

1. 민자유치 대상사업의 범위
2. 민자유치 지원에 관한 사항

② 전라북도지사는 제1항에 따른 민자유치추진계획서를 공고하고 공원조성사업에 참여하고자 하는 자에 대하여 설명회를 개최하여야 한다.

③ 국가는 전라북도의 민자유치추진계획의 원활한 시행을 위하여 행정적·재정적 지원을 할 수 있다.

④ 민자유치추진계획의 심의 및 민자유치 활동의 지원 등을 위하여 전라북도에 민자유치위원회를 두며, 전라북도지사 소속으로 민자유치본부를 설치할 수 있다.

⑤ 제4항의 민자유치위원회 및 민자유치본부의 구성과 운영에 관하여 필요한 사항은 조례로 정한다.

제14조(토지 등의 수용 및 사용) ① 공원조성사업의 시행자는 공원조성사업의 시행을 위하여 필요한 때에는 「공익사업을 위한 토지 등

의 취득 및 보상에 관한 법률」 제3조에 따른 토지·물건 또는 권리(이하 "토지등"이라 한다)를 수용 또는 사용(이하 "수용등"이라 한다)할 수 있다.

② 제1항을 적용함에 있어서 제11조제5항에 따라 기본계획 또는 개발계획을 고시한 때에는 「공익사업을 위한 토지 등의 취득 및 보상에 관한 법률」 제20조제1항 및 제22조에 따른 사업인정 및 그 고시가 있은 것으로 본다.

③ 재결의 신청은 「공익사업을 위한 토지 등의 취득 및 보상에 관한 법률」 제23조제1항 및 제28조제1항에도 불구하고 공원조성사업의 시행기간 이내에 할 수 있다.

④ 토지등의 수용등에 관한 재결의 관할 토지수용위원회는 중앙토지수용위원회가 된다.

⑤ 토지등의 수용등에 관하여 이 법에 특별한 규정이 있는 경우를 제외하고는 「공익사업을 위한 토지 등의 취득 및 보상에 관한 법률」을 준용한다.

제15조(인·허가 등의 의제) ① 공원조성사업의 시행자가 제11조에 따라 문화체육관광부장관과 전라북도지사로부터 기본계획 또는 개발계획의 승인이나 변경승인을 받은 경우에는 다음 각 호의 허가·인가·승인·협의·해제·결정·신고·수리·지정 등을 받거나 한 것으로 본다. 〈개정 2008. 2. 29., 2009. 6. 9., 2010. 5. 31., 2011. 4. 14., 2014. 1. 14., 2014. 6. 3., 2016. 1. 19., 2016. 12. 27., 2020. 3. 31., 2022. 1. 11.〉

1. 「산지관리법」 제14조 및 제15조에 따른 산지전용허가 및 산지

전용신고, 같은 법 제15조의2에 따른 산지일시사용허가 · 신고

2. 「산림자원의 조성 및 관리에 관한 법률」 제36조 및 제45조에 따른 입목벌채등의 허가 및 신고

3. 「농지법」 제31조제1항에 따른 농업진흥지역의 변경 및 해제, 같은 법 제34조에 따른 농지의 전용허가 · 협의 및 같은 법 제36조에 따른 타용도 일시사용허가 · 협의

4. 「수도법」 제5조에 따른 수도정비계획의 수립 승인 및 같은 법 제17조에 따른 일반수도사업의 인가, 같은 법 제52조 및 제54조에 따른 전용수도 설치인가

5. 「도로법」 제25조에 따른 도로구역의 결정, 같은 법 제36조에 따른 도로관리청이 아닌 자에 대한 도로공사 시행의 허가, 같은 법 제52조제1항에 따른 도로와 다른 시설의 연결 허가, 같은 법 제61조에 따른 도로의 점용 허가 및 같은 법 제107조에 따른 도로관리청과의 협의 또는 승인

6. 「국토의 계획 및 이용에 관한 법률」 제30조에 따른 도시 · 군관리계획의 결정, 같은 법 제32조제2항에 따른 지형도면의 승인, 같은 법 제56조에 따른 개발행위 허가, 같은 법 제86조에 따른 도시 · 군계획시설사업시행자의 지정 및 같은 법 제88조에 따른 실시계획의 인가

7. 「하수도법」 제6조에 따른 하수도정비기본계획의 승인 및 같은 법 제16조에 따른 공공하수도 공사시행의 허가

8. 「장사 등에 관한 법률」 제27조에 따른 분묘의 개장 허가

9. 「도시개발법」 제3조에 따른 도시개발구역의 지정승인 및 같은

법 제17조에 따른 도시개발사업에 관한 실시계획의 인가

10. 「초지법」 제21조의2에 따른 토지의 형질변경 등의 허가 및 같은 법 제23조에 따른 초지전용 허가

11. 「사도법」 제4조에 따른 사도개설의 허가

12. 「농어촌정비법」 제23조에 따른 농업생산기반시설의 사용허가

13. 「소하천정비법」 제10조에 따른 소하천공사의 시행허가 및 같은 법 제14조에 따른 소하천의 점용허가

14. 「관광진흥법」 제15조에 따른 사업계획의 승인, 같은 법 제51조에 따른 권역별 관광개발계획의 승인, 같은 법 제52조에 따른 관광지 및 관광단지의 지정 및 같은 법 제54조에 따른 조성계획의 승인

15. 「건축법」 제8조에 따른 허가, 같은 법 제9조에 따른 신고, 같은 법 제10조에 따른 허가·신고 사항의 변경, 같은 법 제15조에 따른 가설건축물의 허가·신고 및 같은 법 제25조에 따른 건축 협의

16. 「에너지이용 합리화법」 제8조에 따른 에너지 사용계획의 협의

17. 「주택법」 제15조에 따른 사업계획의 승인

18. 「공간정보의 구축 및 관리 등에 관한 법률」 제86조제1항에 따른 사업의 착수·변경 또는 완료의 신고

19. 「폐기물관리법」 제29조에 따른 폐기물처리시설의 설치승인 또는 신고

20. 「지역 개발 및 지원에 관한 법률」 제11조에 따른 지역개발사

업구역의 지정 및 같은 법 제23조에 따른 실시계획의 승인

21. 「전기안전관리법」 제8조에 따른 자가용전기설비의 공사계획의 인가 또는 신고

② 문화체육관광부장관 또는 전라북도지사는 제1항 각 호에 해당하는 내용이 포함되어 있는 기본계획 또는 개발계획을 승인 또는 변경승인 하는 경우에는 관계 행정기관의 장과 미리 협의하여야 한다. 이 경우 협의를 요청받은 행정기관의 장은 요청받은 날부터 60일 이내에 의견을 제출하여야 한다. 〈개정 2008. 2. 29., 2017. 3. 21.〉

③ 관계 행정기관의 장이 제2항 후단에서 정한 기간 내에 의견을 제출하지 아니하면 의견이 없는 것으로 본다. 〈신설 2017. 3. 21.〉

제16조(성금 및 기부금) 제20조에 따른 태권도진흥재단은 태권도진흥사업 및 공원의 조성·운영에 필요한 재원을 확보하기 위하여 성금 및 기부금품을 받을 수 있다.

제17조(국·공유재산의 대부·사용 등) ① 국가 및 지방자치단체는 공원의 조성 및 운영을 위하여 필요하다고 인정하는 경우에는 「국유재산법」 또는 「공유재산 및 물품 관리법」에도 불구하고 국유재산이나 공유재산을 제20조에 따른 태권도진흥재단에 무상으로 대부·사용·수익하게 하거나 매각할 수 있다

② 지방자치단체는 공원의 조성 및 운영을 위하여 필요하다고 인정하는 경우에는 「공유재산 및 물품 관리법」에도 불구하고 공유재산을 제10조에 따른 민간사업자에게 수의계약으로 대부·사용·수익하게 하거나 매각할 수 있다 〈신설 2014. 3. 11.〉

③ 제9조에 따라 조성된 공원의 시설물 일부를 태권도단체가 이용하는 경우 문화체육관광부령으로 정하는 바에 따라 이를 무상으로 할 수 있다. 〈개정 2008. 2. 29., 2014. 3. 11.〉

④ 제2항에 따라 민간사업자가 공유재산을 대부·사용·수익하는 경우 그 기간은 「공유재산 및 물품 관리법」 제21조제1항 및 제31조제1항에도 불구하고 20년 이내로 할 수 있다. 이 경우 그 기간은 갱신할 수 있으며, 갱신기간은 갱신할 때마다 20년을 초과할 수 없다. 〈신설 2014. 3. 11.〉

⑤ 제2항에 따라 민간사업자가 지방자치단체가 소유하는 토지를 대부·사용·수익하는 경우에는 「공유재산 및 물품 관리법」 제13조에도 불구하고 그 토지 위에 공장이나 그 밖의 영구시설물을 축조하게 할 수 있다. 이 경우 그 시설물의 종류 등을 고려하여 그 기간이 끝나는 때에 이를 지방자치단체에 기부하거나 원상으로 회복하여 반환하는 조건을 붙여야 한다. 〈신설 2014. 3. 11.〉

⑥ 제2항에 따라 민간사업자에게 대부·사용·수익하게 하는 공유재산의 대부료·사용료는 「공유재산 및 물품 관리법」에도 불구하고 조례로 정하는 바에 따라 감면할 수 있다. 〈신설 2014. 3. 11.〉

제18조(공공시설의 우선 설치) 도로, 교량, 상·하수도, 그 밖에 대통령령으로 정하는 공공시설을 주관하는 관계 행정기관의 장은 공원조성사업의 원활한 시행을 위하여 교통시설, 전력 및 상수도시설 등 공공시설을 우선적으로 설치할 수 있다. 다만, 관계 행정기관의 장은 필요하다고 인정하는 때에는 해당 공공시설의 설치를 공원이 소재한 지방자치단체의 장에게 위임하거나 공공기관에 위탁하여 시행

하게 할 수 있다.

제4장 태권도단체 등 <개정 2019. 12. 3.>

제19조(국기원) ① 태권도 진흥에 관한 다음 각 호의 사업과 활동을 하기 위하여 문화체육관광부장관의 인가를 받아 국기원을 설립한다. <개정 2008. 2. 29.>

1. 태권도 기술 및 연구 개발
2. 태권도 승품·승단 심사 및 태권도 보급을 위한 각종 교육사업
3. 태권도지도자 연수·교육 등을 통한 태권도지도자 양성 및 국외 파견
4. 태권도 시범단 육성 및 국내외 파견
5. 태권도 관련 국제교류 사업
6. 태권도인의 복지향상에 관한 사업
7. 그 밖에 문화체육관광부장관이 인정하는 사업
8. 제1호부터 제7호까지의 사업에 부대되는 사업

② 국기원은 법인으로 한다.

③ 국기원은 제1항에 따른 목적사업을 달성하기 위하여 필요한 경우 문화체육관광부령으로 정하는 바에 따라 수익사업을 할 수 있다. <개정 2008. 2. 29.>

④ 국기원은 정관으로 정하는 바에 따라 해외 지원 또는 지부를 둘 수 있다.

⑤ 국기원에는 정관으로 정하는 바에 따라 임원과 필요한 직원을 둔다.

⑥ 국기원은 임원으로서 이사장·원장·이사 및 감사를 두고, 임원의 정원·임기 및 선출방법 등은 정관으로 정하며, 이사장은 이사 중에서 선임하되, 문화체육관광부장관의 승인을 받아 취임한다. 다만, 「국가공무원법」 제33조 각 호의 어느 하나에 해당하는 자는 임원이 될 수 없다. 〈개정 2008. 2. 29., 2010. 3. 17.〉

⑦ 국기원에 관하여 이 법에서 규정한 것을 제외하고는 「민법」 중 재단법인에 관한 규정을 준용한다.

제19조의2(고유식별정보의 처리) ① 국기원은 제19조제1항제2호(태권도 승품·승단 심사에 한정한다)의 사업을 수행하기 위하여 불가피한 경우 본인의 동의를 받아 「개인정보 보호법」 제24조에 따른 고유식별정보가 포함된 자료를 처리할 수 있다.

② 국기원은 제1항에 따른 정보가 포함된 자료를 처리할 때에는 해당 정보를 「개인정보 보호법」에 따라 보호하여야 한다.

[본조신설 2016. 2. 3.]

제20조(태권도진흥재단) ① 공원의 조성·운영 및 태권도 진흥을 위한 다음 각 호의 지원 사업 등을 효율적으로 수행하기 위하여 문화체육관광부장관의 인가를 받아 태권도진흥재단(이하 "재단"이라 한다)을 설립한다. 〈개정 2008. 2. 29.〉

1. 공원의 조성 및 운영에 관한 사업
2. 태권도 진흥을 위한 조사·연구 사업
3. 태권도 보존·보급·홍보에 관한 사업
4. 태권도 진흥을 위한 각종 지원 사업
5. 공원시설 임대에 관한 사업

6. 태권도 용품·콘텐츠 개발 등 관련 산업 육성 지원

7. 그 밖에 문화체육관광부장관이 인정하는 사업

8. 제1호부터 제7호까지의 사업에 부대되는 사업

② 재단은 법인으로 한다.

③ 재단은 제1항에 따른 목적사업을 달성하기 위하여 필요한 경우 문화체육관광부령으로 정하는 바에 따라 수익사업을 할 수 있다. 〈개정 2008. 2. 29.〉

④ 재단에는 정관으로 정하는 바에 따라 필요한 직원을 둔다.

⑤ 재단은 임원으로서 이사장 1인, 감사 1인 및 25인 이내의 이사를 두고, 임원의 임기는 3년으로 하되, 연임할 수 있으며, 이사장 및 감사는 문화체육관광부장관이 임면하고, 이사는 문화체육관광부장관의 승인을 받아 이사장이 임명한다. 〈개정 2008. 2. 29.〉

⑥ 재단에 관하여 이 법에서 규정한 것을 제외하고는 「민법」 중 재단법인에 관한 규정을 준용한다.

제21조(휘장사업) ① 공원이나 재단을 상징하는 표지·도안·표어 또는 이와 유사한 것을 영리를 목적으로 사용하고자 하는 자는 재단의 승인을 받아야 한다.

② 국기원을 상징하는 표지·도안·표어 또는 이와 유사한 것을 영리를 목적으로 사용하고자 하는 자는 국기원의 승인을 받아야 한다.

③ 국기원과 재단은 제1항과 제2항에 따라 사용승인을 받은 자에 대하여 대통령령으로 정하는 바에 따라 사용료를 징수할 수 있다.

제21조의2(태권도대사범의 지정 등) ① 문화체육관광부장관은 태권도의 계승 및 진흥을 위하여 다음 각 호의 요건을 모두 갖춘 사람

을 태권도대사범(跆拳道大師範)으로 지정할 수 있다.

1. 국기원 승단심사를 거친 9단 태권도 단증을 보유할 것

2. 국내외 태권도 보급에 기여하였을 것

3. 그 밖에 윤리성 등 대통령령으로 정하는 기준에 부합할 것

② 제1항에 따라 태권도대사범으로 지정된 사람에게는 영예를 제외한 별도의 혜택이 따르지 아니한다.

③ 문화체육관광부장관은 태권도대사범이 다음 각 호의 어느 하나에 해당하면 그 지정을 취소할 수 있다.

1. 거짓이나 그 밖의 부정한 방법으로 태권도대사범에 지정된 때

2. 금고 이상의 실형을 선고받고 그 형이 확정된 때

3. 제7항에 따른 증서를 다른 사람에게 양도하거나 대여한 때

④ 문화체육관광부장관은 태권도대사범이 제3항제2호에 해당하는지를 확인하기 위하여 본인의 동의를 받아 경찰청장에게 「형의 실효 등에 관한 법률」 제2조제5호에 따른 범죄경력자료의 조회를 요청할 수 있다.

⑤ 문화체육관광부장관은 제3항에 따라 태권도대사범의 지정을 취소하려는 경우에는 청문을 하여야 한다.

⑥ 문화체육관광부장관과 제8항의 전담기관은 제1항에 따른 사무를 수행하기 위하여 불가피한 경우 「주민등록법」 제7조의2제1항의 주민등록번호가 포함된 자료를 처리할 수 있다.

⑦ 문화체육관광부장관은 문화체육관광부령으로 정하는 바에 따라 태권도대사범에게 태권도대사범임을 나타내는 증서를 수여한다.

⑧ 문화체육관광부장관은 태권도대사범의 지정 등에 관한 사무를

수행하기 위하여 대통령령으로 정하는 바에 따라 전담기관을 지정할 수 있다.

⑨ 그 밖에 태권도대사범의 지정 기준 및 절차 등에 필요한 사항은 대통령령으로 정한다.

[본조신설 2019. 12. 3.]

제5장 보칙

제22조(권한의 위임ㆍ위탁) 문화체육관광부장관은 대통령령으로 정하는 바에 따라 이 법에 따른 권한의 일부를 특별시장ㆍ광역시장ㆍ특별자치시장ㆍ도지사ㆍ특별자치도지사에게 위임하거나 관계 행정기관 또는 단체에 위탁할 수 있다. 〈개정 2008. 2. 29., 2018. 12. 24.〉

제23조(유사 명칭의 사용 금지) ① 문화체육관광부장관의 승인을 받지 아니하고는 태권도공원 또는 이와 유사한 명칭을 사용할 수 없다. 〈개정 2008. 2. 29.〉

② 이 법에 따라 설립된 법인을 제외하고는 국기원과 태권도진흥재단 또는 이와 유사한 명칭을 사용할 수 없다.

제24조(과태료) ① 다음 각 호의 어느 하나에 해당하는 자에게는 1천만원 이하의 과태료를 부과한다.

1. 제21조를 위반하여 휘장을 사용한 자
2. 제23조를 위반하여 유사 명칭을 사용한 자

② 제1항에 따른 과태료는 대통령령으로 정하는 바에 따라 문화체육관광부장관이 부과ㆍ징수한다. 〈개정 2008. 2. 29.〉

③ 삭제 <2017. 12. 12.>

④ 삭제 <2017. 12. 12.>

⑤ 삭제 <2017. 12. 12.>

부칙 <제8746호, 2007. 12. 21.>

제1조 (시행일) 이 법은 공포 후 6개월이 경과한 날부터 시행한다.

제2조 (태권도공원 조성사업에 관한 경과조치) 이 법 시행 전에 행한 태권도공원 조성사업은 이 법에 따라 행한 것으로 본다.

제3조 (국기원에 대한 경과조치) ① 이 법 시행 당시 「민법」 제32조에 따라 설립된 재단법인 국기원은 이 법 시행 후 1개월 이내에 이 법에 따른 정관을 작성하여 문화관광부장관의 인가를 받아야 한다. <개정 2010. 3. 17.>

② 재단법인 국기원은 제1항에 따른 인가를 받은 때에는 이 법에 따른 설립등기를 하여야 한다.

③ 재단법인 국기원은 제2항에 따라 설립등기를 마친 때에는 「민법」 중 법인의 해산 및 청산에 관한 규정에도 불구하고 해산된 것으로 본다.

④ 이 법에 따른 국기원은 설립등기일에 재단법인 국기원의 모든 권리 · 의무와 재산관계를 승계한다.

⑤ 이 법 최초 시행일(2008년 6월 22일) 당시 재단법인 국기원의 이사장을 포함한 임직원은 제19조제6항 단서에도 불구하고 이 법에 따른 국기원의 임직원으로 보며, 임원의 임기는 종전의 임명일부터 기산한다. 다만, 이 법 최초 시행일이 경과한 후 사퇴 또는 임기가

종료되거나 새로 선임된 임원은 이 법에 따른 국기원의 임원으로 보지 아니한다. 〈개정 2010. 3. 17.〉

⑥ 제19조에 따른 국기원 최초의 이사는 제19조제5항에도 불구하고 부칙 제3조제5항에서 정한 임원을 포함하여 19명으로 하고, 문화체육관광부장관이 태권도 관련 기관·단체로부터 추천받아 위촉한 10명 이내의 위원으로 구성된 이 법에 따른 국기원의 설립준비위원회(이하 이 조에서 "준비위원회"라 한다)에서 선임하되, 그 임기는 준비위원회에서 선임된 날부터 기산한다. 〈신설 2010. 3. 17.〉

⑦ 법률 제10107호 태권도 진흥 및 태권도공원 조성 등에 관한 법률 일부개정법률 시행일부터 1개월 내에 재단법인 국기원이 이 법에 따른 요건을 갖춘 정관을 작성하여 문화체육관광부장관에게 인가를 신청하지 아니하거나, 문화체육관광부장관의 정관에 대한 보정(補正)요구를 받고도 1개월 내에 이를 보정하지 아니할 경우 문화체육관광부장관은 준비위원회로 하여금 이 법에 따른 국기원 설립에 관한 사무를 처리하게 할 수 있다. 〈신설 2010. 3. 17.〉

제4조 (태권도진흥재단에 대한 경과조치) ① 이 법 시행 당시 「민법」 제32조에 따라 문화관광부장관의 허가를 받아 설립된 재단법인 태권도진흥재단은 이 법 시행 후 1개월 이내에 이 법에 따른 정관을 작성하여 문화관광부장관의 인가를 받아야 한다.

② 재단법인 태권도진흥재단은 제1항에 따른 인가를 받은 때에는 이 법에 따른 설립등기를 하여야 한다.

③ 재단법인 태권도진흥재단은 제2항에 따라 설립등기를 마친 때에는 「민법」 중 법인의 해산 및 청산에 관한 규정에도 불구하고 해

산된 것으로 본다.

④ 이 법에 따른 태권도진흥재단은 설립등기일에 재단법인 태권도진흥재단의 모든 권리 · 의무와 재산관계를 승계한다.

⑤ 이 법 시행 당시 재단법인 태권도진흥재단의 이사장을 포함한 임직원은 이 법에 따른 태권도진흥재단의 임직원으로 보며, 임원의 임기는 종전의 임명일부터 기산한다.

부칙 〈제8852호, 2008. 2. 29.〉 (정부조직법)

제1조 (시행일) 이 법은 공포한 날부터 시행한다. 다만, · · · 〈생략〉 · · · , 부칙 제6조에 따라 개정되는 법률 중 이 법의 시행 전에 공포되었으나 시행일이 도래하지 아니한 법률을 개정한 부분은 각각 해당 법률의 시행일부터 시행한다.

제2조 부터 제5조까지 생략

제6조 (다른 법률의 개정) ① 부터 〈276〉 까지 생략

〈277〉 태권도 진흥 및 태권도공원 조성 등에 관한 법률 일부를 다음과 같이 개정한다.

제5조제1항, 제6조, 제11조제1항 · 제4항 · 제5항, 제12조제1항 · 제3항 · 제4항, 제15조제1항 · 제2항, 제19조제1항 · 제1항제7호 · 제6항, 제20조제1항 · 제1항제7호 · 제5항 후단, 제22조, 제23조제1항, 제24조제2항 · 제3항 · 제4항 중 "문화관광부장관"을 "문화체육관광부장관"으로 한다.

제17조제2항, 제19조제3항, 제20조제3항 중 "문화관광부령"을 "문화체육관광부령"으로 한다.

〈278〉 부터 〈760〉 까지 생략
제7조 생략

부칙 〈제9758호, 2009. 6. 9.〉 (농어촌정비법)

제1조(시행일) 이 법은 공포 후 6개월이 경과한 날부터 시행한다. 〈단서 생략〉

제2조 부터 제21조까지 생략

제22조(다른 법률의 개정) ① 부터 ㊹ 까지 생략

㊺ 태권도 진흥 및 태권도공원 조성 등에 관한 법률 일부를 다음과 같이 개정한다.

제15조제1항제12호 중 “「농어촌정비법」 제22조에 따른 농업기반시설”을 “「농어촌정비법」 제23조에 따른 농업생산기반시설”로 한다.

㊻ 부터 〈53〉 까지 생략

제23조 생략

부칙 〈제9774호, 2009. 6. 9.〉 (측량·수로조사 및 지적에 관한 법률)

제1조(시행일) 이 법은 공포 후 6개월이 경과한 날부터 시행한다.

제2조 부터 제17조까지 생략

제18조(다른 법률의 개정) ① 부터 ㊶ 까지 생략

㊷ 태권도 진흥 및 태권도공원 조성 등에 관한 법률 일부를 다음과 같이 개정한다.

제15조제1항제18호 중 “「지적법」 제27조”를 “「측량·수로조사 및

지적에 관한 법률」 제86조제1항"으로 한다.

㊸ 및 ㊹ 생략

제19조 생략

부칙 〈제10107호, 2010. 3. 17.〉

이 법은 공포한 날부터 시행한다.

부칙 〈제10331호, 2010. 5. 31.〉 (산지관리법)

제1조(시행일) 이 법은 공포 후 6개월이 경과한 날부터 시행한다. 〈단서 생략〉

제2조 부터 제11조까지 생략

제12조(다른 법률의 개정) ① 부터 〈78〉 까지 생략

〈79〉 태권도 진흥 및 태권도공원 조성 등에 관한 법률 일부를 다음과 같이 개정한다.

제15조제1항제1호 중 "산지전용신고"를 "산지전용신고, 같은 법 제15조의2에 따른 산지일시사용허가 · 신고"로 한다.

〈80〉 부터 〈89〉 까지 생략

제13조 생략

부칙 〈제10599호, 2011. 4. 14.〉 (국토의 계획 및 이용에 관한 법률)

제1조(시행일) 이 법은 공포 후 1년이 경과한 날부터 시행한다. 〈단서 생략〉

제2조 부터 제7조까지 생략

제8조(다른 법률의 개정) ①부터 〈73〉까지 생략

〈74〉 태권도 진흥 및 태권도공원 조성 등에 관한 법률 일부를 다음과 같이 개정한다.

제15조제1항제6호 중 "도시관리계획"을 "도시·군관리계획"으로, "도시계획시설사업시행자"를 "도시·군계획시설사업시행자"로 한다.

〈75〉부터 〈83〉까지 생략

제9조 생략

부칙 〈제12248호, 2014. 1. 14.〉 (도로법)

제1조(시행일) 이 법은 공포 후 6개월이 경과한 날부터 시행한다.

제2조 부터 제23조까지 생략

제24조(다른 법률의 개정) ①부터 〈110〉까지 생략

〈111〉 태권도 진흥 및 태권도공원 조성 등에 관한 법률 일부를 다음과 같이 개정한다.

제15조제1항제5호를 다음과 같이 한다.

5. 「도로법」 제25조에 따른 도로구역의 결정, 같은 법 제36조에 따른 도로관리청이 아닌 자에 대한 도로공사 시행의 허가, 같은 법 제52조제1항에 따른 도로와 다른 시설의 연결 허가, 같은 법 제61조에 따른 도로의 점용 허가 및 같은 법 제107조에 따른 도로관리청과의 협의 또는 승인

〈112〉부터 〈126〉까지 생략

제25조 생략

부칙 〈제12409호, 2014. 3. 11.〉

이 법은 공포한 날부터 시행한다.

부칙 〈제12737호, 2014. 6. 3.〉 (지역 개발 및 지원에 관한 법률)

제1조(시행일) 이 법은 2015년 1월 1일부터 시행한다.

제2조 부터 제8조까지 생략

제9조(다른 법률의 개정) ①부터 ⑨까지 생략

⑩ 태권도 진흥 및 태권도공원 조성 등에 관한 법률 일부를 다음과 개정한다.

제15조제1항제20호를 다음과 같이 한다.

20. 「지역 개발 및 지원에 관한 법률」 제11조에 따른 지역개발사업구역의 지정 및 같은 법 제23조에 따른 실시계획의 승인

⑪부터 ⑬까지 생략

제10조 생략

부칙 〈제12738호, 2014. 6. 3.〉 (공간정보의 구축 및 관리 등에 관한 법률)

제1조(시행일) 이 법은 공포 후 1년이 경과한 날부터 시행한다. 〈단서 생략〉

제2조(다른 법률의 개정) ①부터 〈61〉까지 생략

〈62〉 태권도 진흥 및 태권도공원 조성 등에 관한 법률 일부를 다음과 같이 개정한다.

제15조제1항제18호 중 "「측량·수로조사 및 지적에 관한 법률」 제86조제1항"을 "「공간정보의 구축 및 관리 등에 관한 법률」 제86조제1항"으로 한다.

〈63〉부터 〈65〉까지 생략

제3조 생략

부칙 〈제13805호, 2016. 1. 19.〉 (주택법)

제1조(시행일) 이 법은 2016년 8월 12일부터 시행한다.

제2조 부터 제20조까지 생략

제21조(다른 법률의 개정) ①부터 〈78〉까지 생략

〈79〉 태권도 진흥 및 태권도공원 조성 등에 관한 법률 일부를 다음과 같이 개정한다.

제15조제1항제17호 중 "「주택법」 제16조"를 "「주택법」 제15조"로 한다.

〈80〉부터 〈86〉까지 생략

제22조 생략

부칙 〈제13977호, 2016. 2. 3.〉

이 법은 공포한 날부터 시행한다.

부칙 〈제14206호, 2016. 5. 29.〉

이 법은 공포 후 6개월이 경과한 날부터 시행한다.

부칙 〈제14480호, 2016. 12. 27.〉 (농어촌정비법)

제1조(시행일) 이 법은 공포한 날부터 시행한다. 〈단서 생략〉

제2조 부터 제6조까지 생략

제7조(다른 법률의 개정) ①부터 〈59〉까지 생략

〈60〉 태권도 진흥 및 태권도공원 조성 등에 관한 법률 일부를 다음과 같이 개정한다.

제15조제1항제12호 중 “목적 외 사용의 승인”을 “사용허가”로 한다.

〈61〉부터 〈65〉까지 생략

부칙 〈제14638호, 2017. 3. 21.〉

제1조(시행일) 이 법은 공포 후 1개월이 경과한 날부터 시행한다.

제2조(태권도공원 조성 기본계획 등의 승인 협의에 관한 적용례) 제15조제2항 및 제3항의 개정규정은 이 법 시행 이후 협의를 요청하는 경우부터 적용한다.

부칙 〈제15170호, 2017. 12. 12.〉

이 법은 공포한 날부터 시행한다.

부칙 〈제15569호, 2018. 4. 17.〉

이 법은 공포 후 6개월이 경과한 날부터 시행한다.

부칙 〈제16067호, 2018. 12. 24.〉

이 법은 공포한 날부터 시행한다.

부칙 〈제16688호, 2019. 12. 3.〉

이 법은 공포 후 1년이 경과한 날부터 시행한다.

부칙 〈제17171호, 2020. 3. 31.〉 (전기안전관리법)

제1조(시행일) 이 법은 공포 후 1년이 경과한 날부터 시행한다. 〈단서 생략〉

제2조 부터 제5조까지 생략

제6조(다른 법률의 개정) ①부터 〈52〉까지 생략

〈53〉 태권도 진흥 및 태권도공원 조성 등에 관한 법률 일부를 다음과 같이 개정한다.

제15조제1항제21호 중 "「전기사업법」 제62조"를 "「전기안전관리법」 제8조"로 한다.

〈54〉부터 〈60〉까지 생략

제7조 생략

부칙 〈제17721호, 2020. 12. 22.〉

이 법은 공포 후 6개월이 경과한 날부터 시행한다.

부칙 〈제18016호, 2021. 4. 13.〉

이 법은 공포 후 3개월이 경과한 날부터 시행한다.

부칙 〈제18750호, 2022. 1. 11.〉 (수도법)

제1조(시행일) 이 법은 공포한 날부터 시행한다. 〈단서 생략〉

제2조 부터 제5조까지 생략

제6조(다른 법률의 개정) ①부터 ⑫까지 생략

⑬ 태권도 진흥 및 태권도공원 조성 등에 관한 법률 일부를 다음과 같이 개정한다.

제15조제1항제4호 중 "제4조에 따른 수도정비기본계획"을 "제5조에 따른 수도정비계획"으로 한다.

⑭ 생략

**개정 예정 법률 밑줄 별도 표시.

태권도 진흥 및 태권도공원 조성 등에 관한 법률 시행령

(약칭: 태권도법 시행령)

[시행 2020. 12. 4.] [대통령령 제31207호, 2020. 12. 1., 일부개정]

제1조(목적) 이 영은 「태권도 진흥 및 태권도공원 조성 등에 관한 법률」에서 위임된 사항과 그 시행에 필요한 사항을 규정함을 목적으로 한다.

제2조(태권도진흥기본계획의 수립) ① 문화체육관광부장관은 「태권도 진흥 및 태권도공원 조성 등에 관한 법률」(이하 "법"이라 한다) 제5조제1항에 따른 태권도진흥기본계획을 5년마다 수립하여야 한다.

② 법 제5조제2항제8호에서 "대통령령으로 정하는 사항"이란 다음 각 호의 사항을 말한다.

1. 태권도 관련 국내행사 개최에 관한 사항
2. 태권도공원 조성 및 운영에 관한 사항
3. 태권도의 평생교육 진흥에 관한 사항
4. 태권도 관련 산업의 육성에 관한 사항

제3조(태권도의 날) ① 국가, 지방자치단체 및 태권도단체 등은 법 제7조에 따른 태권도의 날에 다음 각 호의 행사를 할 수 있다.

1. 태권도 경기(시범 경기를 포함한다)

2. 태권도 관련 세미나, 포럼 등 학술행사

3. 태권도 유공자 포상

4. 그 밖에 태권도의 보급 및 진흥에 관한 행사

② 국가 및 지방자치단체는 태권도단체 등이 제1항에 따른 행사를 할 경우에 지원할 수 있다.

제4조(공원조성기본계획의 승인 등) ① 법 제11조제1항과 제2항에 따라 공원조성기본계획(이하 "기본계획"이라 한다) 또는 공원개발계획(이하 "개발계획"이라 한다)의 승인 또는 변경승인을 받으려는 자는 기본계획 또는 개발계획의 승인 또는 변경승인 신청서에 문화체육관광부령으로 정하는 서류를 첨부하여 각각 문화체육관광부장관 또는 전라북도지사에게 제출하여야 한다.

② 법 제11조제1항 후단과 제2항 후단에서 "대통령령으로 정하는 경미한 사항의 변경"이란 다음 각 호의 어느 하나에 해당하는 경우를 말한다.

1. 총사업비의 100분의 10 범위에서의 증감

2. 총사업면적의 100분의 10 범위에서의 증감

3. 승인을 받은 설비 및 시설의 설치면적의 100분의 10 범위에서의 증감

4. 지형 또는 지질 사정 등 부득이한 사유로 이전에 승인받은 사업구역에서의 시설물의 위치 및 구조의 변경

5. 시행자의 성명·주소 변경(법인인 경우에는 법인의 명칭·주소 및 대표자의 성명)

③ 태권도진흥재단, 지방자치단체의 장 또는 민간사업자가 기본계획 또는 개발계획 중 제2항 각 호의 어느 하나에 해당하는 변경을 한 경우에는 지체 없이 그 사실을 각각 문화체육관광부장관 또는 전라북도지사에게 통보하여야 한다.

④ 법 제11조제3항제8호에서 "그 밖에 대통령령으로 정하는 사항"이란 다음 각 호의 사항을 말한다.

1. 지형도 또는 지적도에 각 계획을 구체적으로 밝혀 작성한 도면

2. 법 제14조제1항에 따른 토지·물건 또는 권리를 수용하거나 사용하려는 경우에는 그 사유

3. 법 제15조제1항 각 호에 따른 허가 등 의제사항이 있는 경우 그 내용과 같은 조 제2항에 따른 관계 행정기관의 장과의 협의에 필요한 서류

4. 시설 운영계획(개발계획 수립자만 해당한다)

⑤ 문화체육관광부장관 또는 전라북도지사는 제1항에 따른 기본계획 또는 개발계획의 승인 또는 변경승인 신청서를 받은 날부터 180일 이내에 승인·변경승인 여부 또는 민원 처리 관련 법령에 따른 처리기간의 연장 여부를 신청인에게 통지하여야 한다. 〈신설 2017. 2. 7.〉

⑥ 문화체육관광부장관과 전라북도지사가 법 제11조제5항에 따라 기본계획 또는 개발계획을 고시할 때에는 다음 각 호의 사항을 구체적으로 밝혀야 한다. 〈개정 2017. 2. 7.〉

1. 시행자의 성명·주소(법인인 경우에는 법인의 명칭·주소 및 대표자의 성명)

2. 사업구역의 명칭 · 위치 및 면적

3. 사업의 시행기간

4. 사업의 개요

5. 법 제14조제1항에 따른 토지 · 물건 또는 권리를 수용하거나 사용하려는 경우 그 세부목록

6. 변경승인의 경우에는 이전에 승인된 내용과 그 변경사항

제5조(실시계획의 승인 등) ① 법 제12조제1항에 따라 기본계획 또는 개발계획에 따른 실시계획(이하 “실시계획”이라 한다)의 승인 또는 변경승인을 받으려는 자는 실시계획 승인 또는 변경승인 신청서에 문화체육관광부령으로 정하는 서류를 첨부하여 각각 문화체육관광부장관 또는 전라북도지사에게 제출하여야 한다.

② 법 제12조제1항 후단에서 “대통령령으로 정하는 경미한 사항의 변경”이란 제4조제2항 각 호의 어느 하나에 해당하는 경우를 말한다.

③ 태권도진흥재단, 지방자치단체의 장 또는 민간사업자가 실시계획 중 제4조제2항 각 호의 어느 하나에 해당하는 변경을 한 경우에는 지체 없이 그 사실을 각각 문화체육관광부장관 또는 전라북도지사에게 통보하여야 한다.

④ 법 제12조제2항제5호에서 “그 밖에 대통령령으로 정하는 사항”이란 다음 각 호의 사항을 말한다.

1. 법 제14조제1항에 따라 토지 · 물건 또는 권리를 수용하거나 사용하려는 경우에는 「공익사업을 위한 토지 등의 취득 및 보상에 관한 법률」 제14조에 따른 토지조서, 물건조서 및 주민의 이주대책

2. 시설별 세부 운영계획(개발계획 수립자만 해당한다)

⑤ 문화체육관광부장관 또는 전라북도지사는 제1항에 따른 실시계획의 승인 또는 변경승인 신청서를 받은 날부터 60일 이내에 승인·변경승인 여부 또는 민원 처리 관련 법령에 따른 처리기간의 연장 여부를 신청인에게 통지하여야 한다. 〈신설 2017. 2. 7.〉

⑥ 문화체육관광부장관과 전라북도지사가 법 제12조제4항에 따라 실시계획을 고시할 때에는 다음 각 호의 사항을 구체적으로 밝혀야 한다. 〈개정 2017. 2. 7.〉

1. 시행자의 성명·주소(법인인 경우에는 법인의 명칭·주소 및 대표자의 성명)

2. 사업구역의 명칭·위치 및 면적

3. 사업의 시행기간(착공 및 준공 예정일을 포함한다)

4. 사업의 개요

5. 변경승인의 경우에는 이전에 승인된 내용과 그 변경사항

제6조(공공시설의 우선 설치) 법 제18조 본문에서 "대통령령으로 정하는 공공시설"이란 다음 각 호와 같다. 〈개정 2017. 1. 26.〉

1. 「전기통신기본법」에 따른 전기통신설비

2. 「도시가스사업법」에 따른 가스공급시설 및 가스사용시설

3. 「소방기본법」에 따른 소방용수시설

4. 「화재예방, 소방시설 설치·유지 및 안전관리에 관한 법률」에 따른 소방시설

제7조(휘장사업) ① 법 제21조제1항 및 제2항에 따라 태권도진흥재단 또는 국기원의 승인을 받으려는 자는 다음 각 호의 사항을 포함

한 사업계획서를 태권도진흥재단 이사장 또는 국기원장에게 제출하여야 한다.

1. 휘장사업의 명칭

2. 사업시행자의 성명 · 주소(법인인 경우에는 법인의 명칭 · 주소 및 대표자의 성명)

3. 사업기간

4. 사업의 개요

② 태권도진흥재단과 국기원은 법 제21조제3항에 따라 사용료를 부과할 때에는 그 금액을 정하여 문화체육관광부장관의 승인을 받아야 한다.

제7조의2(태권도대사범의 지정 기준) ① 법 제21조의2제1항제3호에서 “윤리성 등 대통령령으로 정하는 기준”이란 다음 각 호의 기준을 말한다.

1. 「국민체육진흥법」 제2조제11호의2에 따른 스포츠비리를 저지르지 않는 등 태권도 분야 종사자로서 직업윤리에 대한 기본 소양을 갖출 것

2. 봉사활동에 적극적으로 참여하는 등 지역사회에서 모범이 될 것

② 제1항 각 호의 기준에 관한 세부 내용은 문화체육관광부령으로 정한다.

[본조신설 2020. 12. 1.]

제7조의3(태권도대사범의 지정 절차) ① 문화체육관광부장관은 태권도대사범의 지정을 신청한 사람 또는 문화체육관광부령으로 정하는 기관 · 단체의 장의 추천을 받은 사람을 법 제21조의2제1항에 따라

태권도대사범으로 지정할 수 있다.

② 제1항에 따른 태권도대사범의 지정 신청 또는 추천을 하려는 자는 문화체육관광부령으로 정하는 신청서 또는 추천서를 문화체육관광부장관에게 제출해야 한다.

③ 문화체육관광부장관은 법 제21조의2제1항에 따라 태권도대사범을 지정한 경우에는 문화체육관광부의 인터넷 홈페이지나 관보 등에 그 사실을 공고해야 한다.

④ 제1항에서 제3항까지에서 규정한 사항 외에 태권도대사범의 지정 절차에 필요한 사항은 문화체육관광부령으로 정한다.

[본조신설 2020. 12. 1.]

제7조의4(전담기관의 지정) ① 문화체육관광부장관은 다음 각 호의 어느 하나에 해당하는 기관 또는 법인을 법 제21조의2제8항에 따른 태권도대사범의 지정 등에 관한 사무를 수행하는 전담기관(이하 "전담기관"이라 한다)으로 지정할 수 있다.

1. 국기원
2. 태권도진흥재단
3. 「공공기관의 운영에 관한 법률」 제4조에 따른 공공기관 또는 「민법」 제32조에 따라 설립된 비영리법인 중 태권도 진흥 업무를 전문적으로 수행하는 법인

② 전담기관은 다음 각 호의 업무를 수행한다.

1. 태권도대사범의 지정 관련 행정지원
2. 태권도대사범의 명예 제고를 위한 사업
3. 태권도대사범의 지정 관련 통계의 작성 및 관리

4. 그 밖에 태권도대사범의 지정 사무 수행을 위하여 필요한 업무

③ 문화체육관광부장관은 제1항에 따라 전담기관을 지정한 경우에는 문화체육관광부의 인터넷 홈페이지나 관보 등에 그 사실을 공고해야 한다.

[본조신설 2020. 12. 1.]

제8조(과태료의 부과) 문화체육관광부장관은 과태료 금액을 정할 때에는 해당 위반행위의 동기와 그 결과 등을 고려하여야 하며, 그 부과 기준은 별표와 같다.

부칙 〈제20810호, 2008. 6. 11.〉

이 영은 2008년 6월 22일부터 시행한다.

부칙 〈제27810호, 2017. 1. 26.〉 (화재예방, 소방시설 설치·유지 및 안전관리에 관한 법률 시행령)

제1조(시행일) 이 영은 2017년 1월 28일부터 시행한다. 〈단서 생략〉

제2조 부터 제4조까지 생략

제5조(다른 법령의 개정) ①부터 ⑧까지 생략

⑨ 태권도 진흥 및 태권도공원 조성 등에 관한 법률 시행령 일부를 다음과 같이 개정한다.

제6조제4호 중 "「소방시설설치유지 및 안전관리에 관한 법률」"을 "「화재예방, 소방시설 설치·유지 및 안전관리에 관한 법률」"로 한다.

⑩부터 ⑫까지 생략

부칙 〈제27852호, 2017. 2. 7.〉

제1조(시행일) 이 영은 공포 후 1개월이 경과한 날부터 시행한다.

제2조(기본계획의 승인 등에 관한 적용례) 제4조제5항 및 제5조제5항의 개정규정은 이 영 시행 이후 승인 또는 변경승인 신청서를 제출하는 경우부터 적용한다.

부칙 〈제31207호, 2020. 12. 1.〉

이 영은 2020년 12월 4일부터 시행한다.

별표 / 서식

[별표] 위반행위의 종류별 과태료 부과 기준(제8조 관련)

**개정 예정 법률 밑줄 별도 표시.

태권도 진흥 및 태권도공원 조성 등에 관한 법률 시행규칙

(약칭 : 태권도법 시행규칙)

[시행 2020. 12. 4.] [문화체육관광부령 제415호, 2020. 12. 4., 일부개정]

제1조(목적) 이 규칙은 「태권도 진흥 및 태권도공원 조성 등에 관한 법률」 및 같은 법 시행령에서 위임된 사항과 그 시행에 필요한 사항을 규정함을 목적으로 한다.

제2조(공원조성기본계획 승인신청서 등) ① 「태권도 진흥 및 태권도공원 조성 등에 관한 법률」(이하 "법"이라 한다) 제11조제1항에 따른 공원조성기본계획의 승인 신청 및 변경승인 신청은 별지 제1호서식의 공원조성기본계획 (변경)승인 신청서에 따른다.

② 법 제11조제2항에 따른 공원개발계획의 승인 신청 및 변경승인 신청은 별지 제2호서식의 공원개발계획 (변경)승인 신청서에 따른다.

③ 「태권도 진흥 및 태권도공원 조성 등에 관한 법률 시행령」(이하 "영"이라 한다) 제4조제1항에서 "문화체육관광부령으로 정하는 서류"란 다음 각 호의 구분에 따른 서류를 말한다.

1. 승인 신청 시 구비서류

가. 인구 수용, 토지 이용, 교통 처리 및 환경보전에 관한 계획

나. 재원 조달계획 및 연차별 투자계획

다. 도로, 상하수도 등 주요 기반시설의 설치계획

라. 사업체의 설치 및 이전에 관한 사항 또는 입주 시설물에 관한 사항

마. 법 제14조제1항에 따라 토지·물건 또는 권리를 수용하거나 사용하려는 경우에는 그 세부목록 및 사유

바. 지형도 또는 지적도에 기본(개발)계획을 구체적으로 밝혀 작성한 도면

사. 법 제15조제1항 각 호에 따른 허가 등 의제사항이 있는 경우 그 내용과 같은 조 제2항에 따른 관계 행정기관의 장과의 협의에 필요한 서류

아. 시설 운영계획(개발계획 수립자만 해당한다)

2. 변경승인 신청 시 구비서류

가. 변경 사유서

나. 이전에 승인된 계획서에 변경내용을 표시한 자료

다. 법 제15조제1항 각 호에 따른 허가 등 의제사항이 있는 경우 그 내용과 같은 조 제2항에 따른 관계 행정기관의 장과의 협의에 필요한 서류

제3조(실시계획 승인신청서) ① 법 제12조제1항에 따른 실시계획의 승인 신청 및 변경승인 신청은 별지 제3호서식의 실시계획 (변경)승인 신청서에 따른다.

② 영 제5조제1항에서 "문화체육관광부령으로 정하는 서류"란 다

음 각 호의 구분에 따른 서류를 말한다.

1. 승인 신청 시 구비서류

가. 자금계획서(연차별 자금투입계획 및 재원 조달계획을 포함한다)

나. 사업시행지의 위치도 및 지적도

다. 계획평면도 및 개략 설계도서

라. 단계별 조성계획서(사업 여건상 단계적으로 개발사업의 시행이 필요한 경우에 한정한다)

마. 법 제14조제1항에 따라 토지·물건 또는 권리를 수용하거나 사용하려는 경우에는 「공익사업을 위한 토지 등의 취득 및 보상에 관한 법률」 제14조에 따른 토지조서, 물건조서 및 주민의 이주대책

바. 시설별 세부 운영계획(개발계획 수립자만 해당한다)

2. 변경승인 신청 시 구비서류

가. 변경 사유서

나. 이전에 승인된 실시계획서에 변경내용을 표시한 자료

제4조(공원시설물의 무상 사용) 법 제17조제2항에 따른 공원시설물 일부의 무상 사용에 관하여는 그 공원시설물의 관리자와 태권도단체가 체결한 계약에 따른다.

제5조(국기원·태권도진흥재단의 수익사업) 국기원이나 태권도진흥재단이 법 제19조제3항 및 법 제20조제3항에 따라 수익사업을 하려는 경우에는 「공익법인의 설립·운영에 관한 법률」 및 같은 법 시행령 중 수익사업에 관한 규정을 준용한다.

제6조(태권도대사범의 지정 기준) 영 제7조의2제1항 각 호의 기준에 관한 세부 내용은 별표 1과 같다.

[본조신설 2020. 12. 4.]

[종전 제6조는 제9조로 이동 〈2020. 12. 4.〉]

제7조(태권도대사범의 지정 절차) ① 영 제7조의3제1항에서 "문화체육관광부령으로 정하는 기관·단체"란 다음 각 호의 기관·단체를 말한다.

1. 국기원
2. 태권도진흥재단
3. 대한민국태권도협회
4. 세계태권도연맹

② 태권도대사범의 지정은 특별한 경우가 아니면 격년으로 실시하고, 지정 차수마다 2명 이내로 한다. 다만, 지정 기준에 따라 평가한 결과 지정 기준을 갖춘 사람이 없으면 지정하지 않을 수 있다.

③ 문화체육관광부장관은 태권도대사범의 지정을 위한 다음 각 호의 사항을 태권도대사범을 지정하려는 연도의 1월 31일까지 문화체육관광부의 인터넷 홈페이지에 공고해야 한다.

1. 지정 인원
2. 신청 자격
3. 신청서 접수 방법
4. 심사 및 진행 절차
5. 유의 사항
6. 그 밖에 태권도대사범의 지정에 필요한 사항

④ 영 제7조의3제2항에 따라 태권도대사범의 지정 신청을 하려는 사람은 별지 제4호서식의 신청서에 다음 각 호의 서류를 첨부하여 문화체육관광부장관에게 제출해야 한다.

1. 국기원에서 발급한 9단 태권도 단증을 증명하는 서류 및 무력(武歷)확인서 각 1부

2. 별지 제5호서식의 공적 조서 1부

3. 국내외 태권도 보급실적 및 봉사실적을 증명하는 서류 각 1부

4. 범죄경력증명서 1부

5. 별지 제6호서식의 개인정보 수집·제공 동의서

6. 사진(3.5cm × 4.5cm) 2장

⑤ 영 제7조의3제2항에 따라 태권도대사범의 지정 추천을 하려는 자는 별지 제7호서식의 추천서에 다음 각 호의 서류를 첨부하여 문화체육관광부장관에게 제출해야 한다.

1. 태권도대사범으로 지정 추천을 받는 사람이 자필로 작성한 추천 승인 확인서 1부

2. 제4항 각 호의 서류

⑥ 문화체육관광부장관은 태권도대사범의 지정 신청을 하는 사람 또는 지정 추천을 받은 사람이 외국인인 경우에는 태권도대사범 지정에 관하여 외교부장관과 미리 협의해야 한다.

⑦ 영 제7조의3제3항에 따른 태권도대사범의 지정에 관한 공고를 할 경우에는 다음 각 호의 사항을 포함해야 한다. 법 제21조의2제3항에 따라 태권도대사범의 지정 취소에 관한 공고를 할 경우에도 또한 같다.

1. 성명 · 국적 · 주소(시 · 군 · 구까지만 적는다)

2. 지정 번호 및 지정 날짜

[본조신설 2020. 12. 4.]

제8조(태권도대사범 지정서) ① 문화체육관광부장관은 법 제21조의2제1항 및 영 제7조의3에 따라 태권도대사범을 지정하는 경우에는 태권도대사범으로 지정된 사람에게 문화체육관광부장관이 정하는 태권도대사범 지정서를 수여해야 한다.

② 법 제21조의2제3항에 따라 태권도대사범의 지정이 취소된 사람은 지체 없이 제1항에 따른 태권도대사범 지정서를 문화체육관광부장관에게 반납해야 한다.

③ 문화체육관광부장관은 태권도대사범으로 지정된 사람이 제1항에 따른 태권도대사범 지정서의 분실 · 훼손 또는 기재사항 변경으로 재발급을 신청하는 경우에는 이를 재발급해야 한다.

[본조신설 2020. 12. 4.]

제9조(규제의 재검토) 문화체육관광부장관은 다음 각 호의 사항에 대하여 다음 각 호의 기준일을 기준으로 3년마다(매 3년이 되는 해의 기준일과 같은 날 전까지를 말한다) 그 타당성을 검토하여 개선 등의 조치를 하여야 한다.

1. 제2조에 따른 공원조성기본계획 승인 신청서 및 승인 신청 시 구비서류: 2014년 1월 1일

2. 제3조에 따른 실시계획 승인 신청서 및 승인 신청 시 구비서류: 2014년 1월 1일

[본조신설 2013. 12. 31.]

[제6조에서 이동 〈2020. 12. 4.〉]

부칙 〈제5호, 2008. 6. 11.〉

이 규칙은 2008년 6월 22일부터 시행한다.

부칙 〈제162호, 2013. 12. 31.〉 (행정규제기본법 개정에 따른 규제 재검토기한 설정을 위한 영화 및 비디오물의 진흥에 관한 법률 시행규칙 등 일부개정령)

이 규칙은 2014년 1월 1일부터 시행한다.

부칙 〈제173호, 2014. 6. 19.〉 (개인정보 보호 등을 위한 문화산업진흥 기본법 시행규칙 등 일부개정령)

이 규칙은 공포한 날부터 시행한다.

부칙 〈제241호, 2015. 12. 31.〉 (법령서식 개선 등을 위한 게임산업진흥에 관한 법률 시행규칙 등 일부개정령)

제1조(시행일) 이 규칙은 공포한 날부터 시행한다.

제2조(서식 개정에 관한 경과조치) 이 규칙 시행 당시 종전의 규정에 따른 서식은 이 규칙 시행 이후 3개월 간 이 규칙에 따른 서식과 함께 사용할 수 있다.

부칙 〈제415호, 2020. 12. 4.〉

이 규칙은 2020년 12월 4일부터 시행한다.

별표 / 서식

대한민국 법령 시리즈 294

태권도 진흥 및 태권도공원 조성 등에 관한 법률

(약칭 : 태권도법)

법 령 / 시 행 령 / 시 행 규 칙

2022년 2월 24일 인쇄 정가 8,000원
2022년 3월 4일 발행

저 자 법제처 국가법령정보센터
편 집 송영미
발 행 인 조준형 http://www.hgbookpub.com
발 행 처 해광출판사 E-mail : mwdangbook@hanmail.net
주 소 부산광역시 중구 해관로 41-1 (중앙동2가)
전화번호 (051) 253-0001 팩스 (051) 245-1187
등 록 제 2012-000005호

해광출판사에서는 여러분의 소중한 원고와 함께 할 기회를 기다리고 있습니다. 책으로 엮을 원고나 아이디어가 있으신 분들은 이메일 mwdangbook@hanmail.net 로 책에 대한 간단한 개요와 원고 전체 또는 일부를 연락처와 함께 보내주십시오.

ISBN 979-11-6881-097-6

해광출판사 법령 시리즈

001. 선원법
002. 어선법
003. 선박직원법
004. 해사안전법
005. 해양환경관리법
006. 선박의 입항 및 출항등에 관한 법률
007. 학교안전사고예방 및 보상에 관한 법률
008. 종합부동산세법
009. 방위사업법
010. 행정규제기본법
011. 식품산업진흥법
012. 위험물안전관리법
013. 화재예방, 소방시설 설치·유지 및 안전관리에 관한 법률
014. 도시가스사업법
015. 실내공기질관리법
016. 지방세법
017. 소득세법
018. 법인세법
019. 도선법
020. 선박안전법
021. 선박법
022. 수산업법
023. 고압가스안전관리법
024. 국민연금법
025. 공동주택관리법
026. 화학물질관리법
027. 어선원 및 어선 재해보상보험법
028. 장기등 이식에 관한 법률
029. 자연재해대책법
030. 공유재산 및 물품 관리법
031. 산업입지 및 개발에 관한 법률
032. 부정경쟁방지 및 영업비밀보호에 관한 법률
033. 금융지주회사법
034. 온실가스 배출권의 할당 및 거래에 관한 법률
035. 건축사법
036. 산림문화휴양에 관한 법률
037. 전기사업법
038. 사립학교법
039. 고등교육법
040. 액화석유가스의 안전관리 및 사업법
041. 선박투자회사법
042. 수산자원관리법
043. 위험물선박운송및저장규칙
044. 선박평형수관리법
045. 주택임대차보호법
046. 상가건물임대차보호법
047. 지방공기업법
048. 승강기안전관리법
049. 수목원·정원의 조성 및 진흥에 관한 법률
050. 민법
051. 치료감호 등에 관한 법률
052. 대부업 등의 등록 및 금융이용자 보호에 관한 법률
053. 사료관리법
054. 무형문화재 보전 및 진흥에 관한 법률
055. 총포·도검·화약류 등의 안전관리에 관한 법률
056. 경찰관직무집행법
057. 시설물의 안전 및 유지관리에 관한 특별법
058. 수산생물질병 관리법
059. 소비자기본법
060. 국제선박등록법
061. 정보통신망 이용촉진 및 정보보호 등에 관한 법률
062. 해운법
063. 농수산물 품질관리법
064. 수산업협동조합법
065. 해외건설촉진법
066. 수상레저안전법
067. 공무원재해보상법
068. 수상에서의 수색·구조 등에 관한 법률
069. 어촌어항법
070. 항만법
071. 항만운송사업법
072. 해양경비법
073. 해양사고의 조사 및 심판에 관한 법률
074. 외국인근로자의 고용 등에 관한 법률
075. 중소기업기본법
076. 자유무역지역의 지정 및 운영에 관한 법률
077. 대기환경보전법
078. 소음진동관리법
079. 폐기물관리법
080. 하수도법
081. 물환경보전법
082. 토양환경보전법
083. 환경정책기본법
084. 산업재해보상보험법
085. 관세법
086. 노동조합 및 노동관계조정법
087. 근로기준법
088. 군인연금법
089. 먹는물관리법
090. 기술보증기금법
091. 관광진흥법
092. 감염병의 예방 및 관리에 관한 법률
093. 사법경찰관리의 직무를 수행할 자와 그 직무범위에 관한 법률
094. 수의사법
095. 가정폭력방지 및 피해자보호 등에 관한 법률
096. 환경영향평가법
097. 체육시설의 설치 · 이용에 관한 법률
098. 장사 등에 관한 법률
099. 상호저축은행법
100. 은행법
101. 보호관찰 등에 관한 법률
102. 형법
103. 자동차관리법
104. 형사소송법
105. 전자금융거래법
106. 마약류 불법거래 방지에 관한 특례법
107. 도로법
108. 주세법
109. 변리사법
110. 하천법
111. 중소기업진흥에 관한 법률
112. 발달장애인 권리보장 및 지원에 관한 법률
113. 주택법
114. 장애인복지법
115. 농어업경영체 육성 및 지원에 관한 법률
116. 공인중개사법
117. 건강기능식품에 관한 법률
118. 예비군법
119. 개발제한구역의 지정 및 관리에 관한 특별조치법
120. 국유재산법
121. 주차장법
122. 환경기술 및 환경산업 지원법
123. 대기관리권역의 대기환경개선에 관한 특별법
124. 악취방지법
125. 미세먼지 저감 및 관리에 관한 특별법
126. 가축분뇨의 관리 및 이용에 관한 법률
127. 물의 재이용 촉진 및 지원에 관한 법률
128. 물관리기본법
129. 물관리기술 발전 및 물산업 진흥에 관한 법률
130. 자원의 절약과 재활용촉진에 관한 법률
131. 전기 · 전자제품 및 자동차의 자원순환에 관한 법률
132. 건설폐기물의 재활용촉진에 관한 법률
133. 수도권매립지관리공사의 설립 및 운영 등에 관한 법률
134. 폐기물의 국가 간 이동 및 그 처리에 관한 법률
135. 폐기물처리시설 설치촉진 및 주변지역지원 등에 관한 법률
136. 자원순환기본법
137. 잔류성오염물질 관리법
138. 환경분쟁 조정법
139. 화학물질의 등록 및 평가 등에 관한 법률
140. 환경오염시설의 통합관리에 관한 법률
141. 환경오염피해 배상책임 및 구제에 관한 법률
142. 중소기업제품 구매촉진 및 판로지원에 관한 법률
143. 환경개선비용 부담법
144. 환경분야 시험·검사 등에 관한 법률
145. 환경친화적 산업구조로의 전환촉진에 관한 법률
146. 환경친화적 자동차의 개발 및 보급 촉진에 관한 법률
147. 환경범죄 등의 단속 및 가중처벌에 관한 법률
148. 생명윤리 및 안전에 관한 법률
149. 장애인차별금지 및 권리구제 등에 관한 법률
150. 부동산투자회사법
151. 정치자금법
152. 과학기술기본법
153. 대리점거래의 공정화에 관한 법률
154. 상속세 및 증여세법
155. 학원의 설립 · 운영 및 과외교습에 관한 법률
156. 해양심층수의 개발 및 관리에 관한 법률
157. 전기용품 및 생활용품 안전관리법

해광출판사 법령 시리즈

158. 사회기반시설에 대한 민간투자법
159. 공직선거법
160. 정당법
161. 유류오염손해배상 보장법
162. 부정청탁 및 금품등 수수의 금지에 관한 법률
163. 항로표지법
164. 어장관리법
165. 민방위기본법
166. 공직자윤리법
167. 선거관리위원회법
168. 유선 및 도선 사업법
169. 전기공사업법
170. 사회복지사업법
171. 택지개발촉진법
172. 국가공무원법
173. 민간임대주택에 관한 특별법
174. 어음법·수표법
175. 민사집행법
176. 상법
177. 문화예술진흥법
178. 중소기업협동조합법
179. 농업협동조합법
180. 도로교통법
181. 의료사고 피해구제 및 의료분쟁 조정 등에 관한 법률
182. 산림보호법
183. 소년법
184. 동물보호법
185. 건축물관리법
186. 도시개발법
187. 화물자동차 운수사업법
188. 도시 및 주거환경정비법
189. 의료법
190. 국회법
191. 응급의료에 관한 법률
192. 출입국관리법
193. 노인복지법
194. 산림자원의 조성 및 관리에 관한 법률
195. 청소년 보호법
196. 초·중등교육법
197. 혁신도시 조성 및 발전에 관한 특별법
198. 경제자유구역의 지정 및 운영에 관한 특별법
199. 공공기관의 운영에 관한 법률
200. 대한민국헌법
201. 국민기초생활 보장법
202. 저작권법
203. 가사소송법
204. 국가유공자 등 예우 및 지원에 관한 법률
205. 국민체육진흥법
206. 전통주 등의 산업진흥에 관한 법률
207. 재난 및 안전관리 기본법
208. 정보통신공사업법
209. 주식회사 등의 외부감사에 관한 법률
210. 공익사업을 위한 토지 등의 취득 및 보상에 관한 법률
211. 개인정보 보호법
212. 국세기본법
213. 에너지이용 합리화법
214. 감정평가 및 감정평가사에 관한 법률
215. 국가인권위원회법
216. 가맹사업거래의 공정화에 관한 법률
217. 보건의료기본법
218. 산업안전보건법
219. 법무사법
220. 교육공무원법
221. 특허법
222. 민사소송법
223. 아동복지법
224. 전파법
225. 하도급거래 공정화에 관한 법률
226. 기초연금법
227. 사립학교교직원 연금법
228. 직업안정법
229. 장애아동 복지지원법
230. 부동산등기법
231. 자동차손해배상 보장법
232. 철도안전법
233. 항공안전법
234. 전자상거래 등에서의 소비자보호에 관한 법률
235. 독점규제 및 공정거래에 관한 법률
236. 상표법
237. 채무자 회생 및 파산에 관한 법률
238. 공무원연금법
239. 축산법
240. 근로복지기본법
241. 민원 처리에 관한 법률
242. 약사법
243. 방문판매 등에 관한 법률
244. 건축기본법
245. 지방세기본법
246. 지방세징수법
247. 지방자치법
248. 도시교통정비 촉진법
249. 공공주택 특별법
250. 국세징수법
251. 공인노무사법
252. 중대재해 처벌 등에 관한 법률
253. 외무공무원법
254. 소방시설공사업법
255. 검역법
256. 공중위생관리법
257. 할부거래에 관한 법률
258. 인터넷 멀티미디어 방송사업법
259. 전기통신사업법
260. 제품안전기본법
261. 철도사업법
262. 어린이제품 안전 특별법
263. 영유아보육법
264. 원자력안전법
265. 보험업법
266. 경비업법
267. 교통안전법
268. 세무사법
269. 관세사법
270. 공인회계사법
271. 지방공무원법
272. 고용정책 기본법
273. 국가경찰과 자치경찰의 조직 및 운영에 관한 법률
274. 협동조합 기본법
275. 재해구호법
276. 환경보건법
277. 자살예방 및 생명존중문화 조성을 위한 법률
278. 소방산업의 진흥에 관한 법률
279. 소방기본법
280. 비송사건절차법
281. 자연환경보전법
282. 변호사법
283. 기업구조조정투자회사법
284. 전기통신기본법
285. 에너지법
286. 해양생태계의 보전 및 관리에 관한 법률
287. 사회보장기본법
288. 통신비밀보호법
289. 공증인법
290. 물류시설의 개발 및 운영에 관한 법률
291. 청소년활동 진흥법
292. 형의 집행 및 수용자의 처우에 관한 법률
293. 도시공원 및 녹지 등에 관한 법률
294. 태권도 진흥 및 태권도공원 조성 등에 관한 법률

*** 해광출판사의 법령 시리즈는 계속 발행 됩니다.**